AF509696

APERÇUS

POLITIQUES ET SOCIAUX,

PAR M. CHARLES VILLAGRE, AVOCAT.

TOULOUSE,

IMPRIMERIE DE BENICHET Aîné, RUE DE LA POMME, N.º 22.

1832.

APERÇUS

POLITIQUES ET SOCIAUX,

Par **M. CHARLES VILLAGRE**, Avocat.

Quand le trône de Charles X s'écroula devant l'explosion éclatante et rapide de la raison publique, quand le coup d'état populaire triompha du coup d'état ministériel, quand le principe de la souveraineté nationale remplaça le dogme de la légitimité, il y eut des hommes qui crurent voir naître l'âge d'or de la liberté et se réaliser les vœux de leur vie ; ces hommes qui, sous le régime de la police impériale et des tribunaux serviles de la restauration, n'avaient pu faire éclater au grand jour la hardiesse de leurs pensées et l'énergie de leur caractère, ces hommes que l'active surveillance d'un pouvoir soupçonneux avait rendus prudens et circonspects, regardèrent comme à jamais brisés les obstacles qui avaient arrêté la France dans la carrière de la civilisation, et pensèrent que le temps était venu où la mise en pratique de leurs idées allait rendre leur patrie libre, heureuse et florissante.

Une expérience de quelque mois suffit pour leur prouver que leur espoir n'était qu'une vaine illusion, que les promesses qu'ils avaient reçues n'étaient qu'un leurre ; là où ils avaient vu une révolution sociale, un changement complet et général, ceux qui s'étaient glissés au pouvoir n'y virent qu'un simple événement, qui sans doute exigeait des modifications dans le sys-

tème politique , mais qui n'était pas destiné à boule-
verser entièrement l'ordre de choses précédemment
établi. Les premiers frappant d'une réprobation géné-
rale le système entier de la restauration, ne voulaient
pas qu'il en restât la plus légère trace. Les seconds
voulaient renfermer dans d'étroites limites les réformes
à opérer , et attendaient qu'une observation plus atten-
tive , qu'un examen plus approfondi les éclairât sur les
abus qu'il faudrait corriger.

Ces deux partis qui pendant le cours de la restauration avaient montré un admirable accord , une parfaite
harmonie d'opinion, qui tous deux avaient dirigé contre
le pouvoir des attaques également vigoureuses , qui
tous deux avaient creusé l'abîme où vint s'engloutir
le trône des Bourbons , ces deux partis réunis pendant
le combat, se séparèrent après la victoire. Cette scission
qui avait éclaté dès le début de la session qui suivit la
révolution de juillet, devint chaque jour plus frappante.
Mais au sein de cette lutte, le parti du juste-milieu
l'emporta sans cesse sur le parti du mouvement, et une
imposante majorité accueillit ses propositions. Il n'est
pas sans intérêt d'examiner les motifs de cette préfé-
rence.

Le premier motif tient au système électoral. La ri-
chesse territoriale étant une condition indispensable de
l'éligibilité, nos législateurs étaient tous des propriétaires. Or , quels sont les intérêts des propriétaires. Le
premier de tous , c'est de jouir paisiblement de leurs
propriétés , de s'assurer l'exercice de leurs droits , et
conséquemment de prévenir et d'arrêter les révolutions
qui souvent remettent ces droits en question. Dans ces

crises terribles, les principes qui ont paru long-temps légitimes, sacrés, incontestables, à l'abri de toute atteinte, sont méconnus et foulés aux pieds ; alors ce que pendant une longue suite de siècles avait été constamment le patrimoine d'une famille, et s'était transmis sans trouble de génération en génération, passe tout à coup en des mains étrangères, en songeant à ces changemens rapides, à ces catastrophes inattendues qu'entraînent les révolutions, le député propriétaire, à moins qu'il ne soit étranger aux calculs de l'intérêt personnel, recule épouvanté devant son propre ouvrage, essaie de renverser l'idole qu'il éleva de ses propres mains, et poursuit de sa haine les révolutionnaires dont il fut long-temps le complice ou l'instrument.

C'est exactement la conduite qu'a tenue la plus grande partie de nos députés ; ils ont lutté quinze ans contre la restauration, ils ont protesté avec chaleur et énergie contre les mesures destructives de nos libertés, ils ont applaudi avec transport à la chûte du trône des Bourbons, et après avoir atteint le but qu'ils poursuivaient si ardemment, après avoir fondé un ordre de choses entièrement nouveau, ils ont refusé d'admettre les conséquences des principes qu'ils avait proclamé une terreur panique les a saisis, ils ont cru voir leurs propriétés envahies par des spoliateurs armés, et la révolution de juillet dont le caractère, au jugement de plusieurs, devait être une rupture éclatante avec les institutions du passé, ne fut qu'une imitation légèrement modifiée du système précédemment suivi.

Ainsi c'est la peur, ce sont les calculs de l'intérêt personnel qui ont rapetissé notre révolution, qui l'ont réduite au rôle mesquin d'un événement vulgaire , et qui ont assuré un triomphe complet au parti du juste-milieu ; mais à ce motif s'en joint un autre d'un ordre beaucoup plus élevé.

Ici je vais aborder les questions les plus importantes et les plus délicates que présente l'organisation sociale , je sais que je vais froisser beaucoup d'intérêts , heurter beaucoup de convictions , les partis qui s'agitent aujourd'hui sur la scène politique , étant de ma part l'objet d'une critique également impartiale , m'accuseront d'être un homme sans principes , et de n'adopter franchement aucune opinion ; je leur réponds d'avance , que toutes les opinions qui se manifestent sont l'expression d'un besoin social , que toutes renferment des élémens de propriété sociale , qu'il s'agit de combiner ces élémens , de les réunir pour faire cesser le malaise , le désordre et la confusion qui tourmentent les sociétés modernes , et pour réaliser l'heureuse alliance de l'ordre et de la liberté , qui jusqu'ici a paru un problême impossible à résoudre. J'entre donc en matière, aussi éloigné d'une critique haineuse et malveillante que d'un enthousiasme irréfléchi.

J'entends répéter sans cesse : Nos ministres ont faussé l'esprit, ont méconnu le caractère de la révolution de juillet , ils ont arrêté dans son cours cette révolution qui nous promettait un si glorieux avenir. Ils ont restreint toutes nos libertés qu'ils avaient pour mission d'étendre et de développer. Tandis que les organes les plus avancés de la presse , les orateurs les plus distingués de la tribune nationale provoquent d'utiles réformes , et invitent le pouvoir à entrer franchement dans la carrière des améliorations, il se renferme constamment dans les bornes de sa prétendue légalité, arsenal où se forgent des armes de toute espèce qu'il emploie ou qu'il brise à son gré.

Examinons ces diverses accusations.

Et d'abord cherchons à nous entendre sur le mot amélioration et sur le mot liberté. Il y en a qui entendent par amélioration, extension des droits électoraux, extension des droits municipaux, extension de tous les droits politiques. Il y en a qui entendent par liberté le règne de la démocratie : pour nous, le mot amélioration n'a d'autre sens que celui-ci : amélioration progressive du sort moral, intellectuel et physique de la classe la plus nombreuse. Pour nous, le mot liberté n'a d'autre sens que celui-ci : libre développement de toutes les facultés humaines. Tous les progrès que doit faire l'humanité seront la conséquence de ces deux principes, dont l'adoption réaliserait l'alliance de l'ordre et de la liberté.

Il est évident que les hommes auxquels les destinées de la révolution de juillet furent confiées, n'ont point compris ce que ces principes renfermaient de vie et d'avenir ; que ces élémens d'une politique nouvelle ont été totalement étrangers à leurs calculs ; mais comme la société avait besoin d'une organisation, ils ont dû embrasser un système.

Louis XVIII, éclairé par l'expérience, appréciant les progrès des lumières et les besoins de la civilisation, avait octroyé une constitution où il essaya de concilier les prérogatives de ses aïeux avec les exigences de 'époque. Rattachant les idées anciennes aux idées nouvelles, les fondant toutes dans un seul système, il mit la royauté et le peuple sous la double sauvegarde d'une assemblée aristocratique et d'une assemblée démocratique. La dynastie de juillet ne trouva rien de mieux que de suivre les erremens de la dynastie restaurée : les ministres nés de la révolution ne trouvèrent rien de mieux que de suivre les voies tracées par les ministres nés de la restauration.

En laissant un libre cours au torrent de la démocratie, ils voyaient se renouveler les excès d'une époque sanglante, se dresser les échafauds dont le souvenir épouvantait encore les imaginations, recommencer le sacerdoce du bourreau et l'empire de la guillotine. Sans doute ils laissaient la plus grande partie de la population dans un complet ilotisme politique ; ils resserraient dans un cercle très étroit, ils soumettaient à des conditions difficiles à remplir la jouissance des droits politiques. A cet égard, ils élevaient pour la grande majorité des citoyens une barrière impossible à franchir. Mais au milieu de la profonde ignorance et de l'affreuse misère qui pèsent encore sur les populations, n'eût-ce point livrer la société aux chances les plus terribles, que de donner de l'influence à des hommes qui s'en seraient servis pour secouer violemment le joug qui les accablait, pour élever sur la ruine d'autrui leur fortune personnelle.

Je trouverai sans doute de nombreux contradicteurs, qui me diront que je calomnie la classe la plus nombreuse, que la modération qu'elle a fait éclater dans plusieurs circonstances est un formel démenti donné à nos conjectures. Je répondrai à ces hommes, que leur philantropie soit vraie ou simulée; personne plus que moi n'admire la modération dont le peuple français a donné au monde l'imposant spectacle pendant et après la victoire de juillet; personne plus que moi n'admire la belle conduite de la population lyonnaise, quand pressée par la faim, elle respecta les propriétés et se borna à répéter le cri, qui était la manifestation énergique de sa cruelle position : *Vivre en travaillant, ou mourir en combattant.* Oui, je le proclame avec orgueil, les prolétaires français surpassent en moralité les prolétaires de toute les nations du monde. Mais je dis qu'il serait dangereux de faire participer aux droits politiques des hommes dont la plupart sont encore abrutis par l'ignorance et par la misère. Je dis que l'homme d'état qui donnerait à la classe la plus nombreuse de l'influence sur les intérêts de la société, sans lui avoir procuré auparavant les avantages du bien être et de l'éducation, je dis que cet homme d'état exposerait son pays aux plus terribles secousses.

C'est d'après ces principes qu'ont agi les hommes qui depuis la révolution ont été chargés du maniement des affaires publiques. Ce mot d'un doctrinaire révèle parfaitement l'esprit de leur politique; pour gouverner, il faut être impopulaire, impuissant à résoudre les difficultés qui renaissaient sans cesse autour d'eux, ils n'ont que de coupables séditions qu'il fallait réprimer, dans ces manifestations bruyantes où un coup d'œil plus sûr et plus exercé eût aperçu un malaise profond qu'il fallait guérir. Ils ont regardé comme d'odieux conspirateurs pour qui le désordre était un besoin et une jouissance, des malheureux qui demandaient de l'instruction, du travail et du pain, et ce qui eût été pour d'autres un salutaire enseignement, n'a été pour eux que l'occasion de *faire de la force.*

Ainsi nos hommes d'état auraient pu donner à leur politique une direction bien plus utile. Je dirai plus, ils auraient pu fermer à jamais l'abîme des révolutions, et faire luire sur la France des jours de paix et de bonheur, où l'ordre et la liberté eussent régné sans obstacles. Mais pour atteindre ce but magnifique, il fallait entrer dans une voie toute nouvelle, abandonner la routine, se dépouiller des préjugés, se placer sur le terrain vivant des intérêts généraux. Il fallait des hommes aux conceptions larges, à l'âme sympathique, pour créer un système autour duquel serait venu se grouper la société toute entière.

Nos hommes d'état ont méconnu leur mission qui était d'améliorer progressivement le sort des masses. Oui, c'était là leur mission, et le peuple qui déploya tant de courage aux journées de juillet ne versa pas son sang pour conquérir quelques droits politiques, mais pour s'affranchir du fardeau de la misère, pour ne pas transmettre à sa postérité le triste héritage de ses maux, pour prendre sa part des richesses que procure le luxe, et des lumières qu'amène la civilisation. Que son désappointement fut cruel! que sa déception fut amère, quand il s'aperçut que sa lutte avait été stérile, que son sang avait infructueusement arrosé le sol de la patrie, et que le seul résultat qu'il eût obtenu, c'était un surcroît de malheur. Souvent il fit éclater son mécontentement en bruyantes émeutes où retentissaient des cris confus; mais le pouvoir impuissant à cicatriser des plaies dont il n'avait jamais sondé la profondeur, l'obligea en déployant sa force matérielle, a dévorer en silence sa douleur et son indignation.

Ainsi l'amélioration progessive du peuple devait être le but des efforts de nos hommes d'état. Mais pour réaliser le progrès, il fallait sortir des théories constitutionnelles, se dégager des nuages de la métaphysique doctrinaire, abandonner ce vain système d'équilibre et de pondération des pouvoirs; le gouvernement représentatif ne renferme aucun germe de progrès, aucun principe de perfectibilité; mentiellement éphémère, il ne doit avoir d'autre durée que celle des circonstances qui l'ont fait naître; essentiellement provisoire, il indique une époqne de transition, il n'est destiné qu'à remplir une faible lacune dans l'histoire des sociétés. Mais l'avenir ne lui appartient pas, car l'avenir est destiné à mettre en lumière toutes les idées qui s'éleveront dans les profondeurs de l'esprit humain, et le gouvernement représentatif, stationnaire, immobile, ne peut reproduire toutes ces phases, retracer toutes ces évolutions, exprimer tous ces changemens. Eh quoi, tandis que l'humanité marche sans cesse, que des pensées neuves, fécondes et hardies circulent, comme une étincelle électrique, au sein des masses qui les accueillent avec transport, que la société aspire à une vie nouvelle, à une complète régénération, quelques principes formulés à la hate, seraient notre législation définitive; ce serait l'arche sainte sur laquelle nous n'oserions porter la main, et on dirait à la civilisation : Tu n'iras pas plus loin.

Non, le gouvernement représentatif est essentiellement transitoire. Quand les anciens pouvoirs sont tombés, quand les partis sont en présence, quand il y a lutte ouverte entre les soutiens et les démolisseurs des anciennes institutions, le gouvernement représentatif offre les moyens de concilier ces divers intérêts, et en donnant à chaque parti la faculté de se produire, d'introduire ses idées dans la législation, d'amender les propositions de ses adversaires, il les accoutume à la discussion, il fait disparaître ces habitudes de violence qui les caractérisent trop souvent, et leur fait consumer en escarmouches parlementaires un temps qu'ils auraient perdu en luttes sanglantes.

Ainsi, quand les anciens pouvoirs ont été déplacés et dans l'absence d'une organisation nouvelle, le gouvernement représentatif peut seul donner à l'état une marche régulière. Mais il ne comporte pas de progrès social; car le progrès ne peut résulter que de l'application de ce principe, amélioration progressive du sort des masses.

Or, le temps est venu où il faut se rattacher à ce principe fécond. Le temps est venu où il faut briser l'idole impuissante de constitutionnalisme. Tout autour de nous proclame cette nécessité. Pourquoi ses autels sont-ils sans adorateurs? Pourquoi ses prêtres sont-ils sans voix? Pourquoi le petit nombre de ceux qui rendent encore des oracles ne trouvent-ils aucune confiance? A ces signes, il faut bien reconnaître que les dieux s'en vont, qu'un nouvel autel va se dresser pour une divinité nouvelle.

Une fièvre de régénération sociale circule dans les veines de la France, et la presse, ce rapide et puissant véicule de la pensée, cette messagère de la civilisation, l'étend et la propage dans toute l'Europe, c'est elle qui dissipe les ténèbres de la barbarie et qui répand partout des flots de lumière ; c'est elle qui, soulevant les questions les plus importantes de l'ordre social, ouvre aux nations une carrière neuve et brillante ; c'est elle qui creuse l'abîme où doivent s'engloutir l'étroite politique de Metternich, et les trônes vermoulus des Ferdinand et des Miguel.

Heureux nos hommes d'état, s'ils écoutaient ses salutaires avertissemens, s'ils suivaient l'utile direction qu'elle essaie d'imprimer à leur marche, si leurs efforts étaient en harmonie avec les conseils qu'elle leur donne ! Alors cesserait ce pénible conflit qui existe entre les gouvernans et les gouvernés ; alors toutes les distinctions de parti, toutes les nuances d'opinions s'effaceraient en présence d'un ordre de choses où tous les intérêts, tous les besoins seraient satisfaits.

Mais nos hommes d'état, impuissans qu'ils étaient à réaliser l'amélioration morale, intellectuelle et physique du peuple, nos hommes d'état, étrangers à ces considérations d'une politique élevée, ont regardé le gouvernement représentatif comme la forme de gouvernement la plus avancée, comme le nec plus ultrà du progrès social, comme le principe le plus fécond, la source la plus abondante du bonheur des peuples. Ils ont cru que la charte portait un germe d'immortalité, et ils ont voulu apposer à une œuvre fugitive et passagère un sceau éternel, inaltérable.

Et cependant l'expérience de nos quarante dernières années aurait dû les détromper. Tant de constitutions,

que nos modernes législateurs avaient proclamé éter-
nelles, élevées et détruites tour-à-tour, tant de ruines
entassées devaient les éclairer sur la vanité de leurs
illusions. Vainement on essaie d'immobiliser la pensée
humaine, d'assujettir l'esprit à des règles précises, d'arrêter l'intelligence dans son essor rapide vers le progrès.
Elle éclate, elle rompt d'impuissantes barrières, et ceux
qui niaient le mouvement, sont forcés de le suivre. Et
quel homme pourrait espérer de faire marcher sans
cesse l'humanité dans la même carrière, quelque brillante, quelque lumineuse que fût celle qu'il a tracée?
Les idées les plus élevées, les combinaisons les plus pro-
fondes ne sont qu'un point à peine imperceptible dans les
innombrables évolutions que subit le monde moral. De
même que sur une mer agitée la vague pousse incessamment la vague, de même sur le théâtre du monde
les événemens poussent les événemens.

Si nos gouvernans avaient été pénétrés de ces utiles
vérités, s'ils avaient suivi le mouvement des idées et
la tendance du siècle, nous n'aurions pas vu s'évanouir
tant de popularités, se flétrir tant de réputations, s'obs-
curcir tant de flambeaux; jamais la roche Tarpéienne
n'eût été si près du Capitole.

Mais nos gouvernans, dans l'impuissance où ils
étaient de réaliser le progrès social sous le triple rap-
port de l'amélioration morale, intellectuelle et physique des masses, nos gouvernans, renfermés dans le
cercle de leurs idées étroites, de leurs combinaisons
mesquines, de leurs aperçus vulgaires, ont considéré le
gouvernement représentatif comme le palladium de
toutes nos libertés, comme le seul rempart qu'on pût

opposer aux envahissemens du despotisme et aux excés
de l'anarchie, et persécutant avec acharnement, avec
persévérance ceux qui voulaient l'entraîner hors des
voies qu'ils s'étaient tracé, ils ont transformé l'expression de simples théories en tentatives séditieuses, ils
ont donné le caractère de complots à la manifestation
des doctrines, et la peur exagérant à leurs yeux les
dangers de la presse, ils ont essayé, par des condamna-
tions rigoureuses, par des amendes excessives, de dé-
courager les écrivains, d'éteindre leur enthousiasme,
d'étouffer leur industrie.

Certes je désapprouve hautement la conduite que le
ministère a tenu à l'égard d'hommes honorables, d'un
patriotisme éprouvé, et qui étaient dans leur droit en
livrant à la publicité le fruit de leurs études, le produit de leurs méditations, le résultat de leur expérience. Je suis convaincu que dans l'état de crise où
nous nous trouvons, que dans les circonstances difficiles où nous sommes placés, tout homme qui par son
talent peut exercer quelque influence, doit compte de
ses opinions à la patrie, et qu'en usant de son droit,
il remplit un devoir impérieux, il acquitte une dette
sacrée. Je suis convaincu que c'est de ce choc d'idées,
de ce faisceau de lumières que doit jaillir la vérité. Je
sais que l'irréflexion, l'enthousiasme, la précipitation
peuvent entraîner et entraînent en effet dans beaucoup
d'erreurs les hommes même animés du patriotisme le
plus pur. Mais ces erreurs ne sont pas dangereuses, et
quand le public se laisserait séduire quelque temps par des
sophismes habilement présentés, son jugement l'éclaire
bientôt sur la fausseté des principes qu'on propose ou sur

l'impossibilité de leur application. A cet égard, son bon sens est un guide sûr, un juge infaillible; et puis quand il serait vrai que parmi une foule innombrable d'erreurs, ne s'offriraient que peu de vérités utiles, ne devrait-on pas laisser un libre cours à la manifestation de la pensée, ne devrait-on pas respecter l'exercice d'un droit qui par ses résultats ouvre aux nations de nouvelles sources de prospérité, dote le présent et l'avenir des perfectionnemens les plus utiles, des réformes les plus salutaires, et répand parmi le peuple plus d'instruction, plus de lumières, plus de moralité? Ainsi je blâme le gouvernement d'avoir regardé comme un obstacle qu'il fallait détruire ce qui est un progrès qu'il fallait favoriser.

Mais si le gouvernement devait laisser la plus grande latitude à la propagation des systèmes opposés au sien, devait-il s'élancer dans la carrière hasardeuse où la presse démocratique essaie de l'engager? Sur la foi de quelques enthousiastes, devait-il entrer dans une voie semée de périls, entourée d'écueils et de précipices, lorsque des souvenirs sanglans palpitent encore, lorsque les cendres du volcan, dont l'éruption fut si bruyante, sont à peine refroidies? En un mot, le principe de la souveraineté populaire devait-il recevoir toutes ses conséquences, tous ses développemens?

Qu'est-ce que le principe de la souveraineté populaire poussé à ses dernières conséquences? C'est le gouvernement de tous les citoyens, c'est la participation de tous à l'action gouvernementale. Or, dans une époque où la dissidence des opinions éclate chaque jour davantage, où tant de systèmes cherchent à prévaloir, où chacun en-

visage les choses sous un point de vue particulier, quels
orages ne souleveraient pas tant de passions se heurtant
et se froissant sans cesse ! Que de fois la violence l'em-
porterait sur la raison ! Que de fois une minorité au-
dacieuse opprimerait une majorité timide, et au sein
de cette lutte où les intrigues et les artifices des uns
ferait échouer les bonnes résolutions des autres, combien s'affaibliraient les mœurs publiques, combien s'af-
faiblirait ce caractère de franchise et de loyauté qui dis-
tingue éminemment notre nation !

Les conséquences de juillet devaient être pour tous une
plus grande masse de lumières et be bien être. Les conséquences de juillet devaient être de répandre partout les
bienfaits de l'éducation, les jouissances de la vie, de
fonder des institutions propres à assurer le bonheur général, de travailler sans relâche à l'accomplissement de
cette œuvre à la fois importante et glorieuse, et non de
conférer des droits politiques à des hommes dont la plupart encore, abrutis par l'ignorance, seraient restés au-
dessous de leurs nouvelles fonctions, et auraient exposé
leur pays aux plus terribles bouleversemens.

Le principe de la souveraineté populaire poussé jusqu'à ses dernières conséquences, c'est la république
pure. Or, je soutiens que l'établissement de la république en France serait fécond en résultats désastreux. Je
soutiens de plus que la république n'aurait parmi nous
aucune chance de durée, qu'elle s'évanouirait au moin-
dre souffle comme tout ce qui n'est que factice, comme
tout ce qui n'est que l'ouvrage d'un parti, que le produit
d'un enivrement passager, comme toutes les institutions

qui ne sont analogues ni aux mœurs, ni aux idées, ni au caractère d'une époque.

Je vais développer cette proposition.

Au début des sociétés, on conçoit facilement l'existence du gouvernement républicain. Alors on ne connaissait point le luxe, son éclat, ses jouissances raffinées et ses besoins sans cesse renaissans, d'où il résulte que l'ambition était moins active, moins excitée, moins ardente à briser les obstacles pour s'élever au sommet du pouvoir. Les lumières étaient concentrées chez un très petit nombre d'hommes, d'où il résulte que les masses ne contestaient point la supériorité de leurs chefs ou de leurs magistrats. Mais aujourd'hui que le luxe a fait tant de progrès, l'envie de briller, le désir de fixer l'attention du public, fait jaillir de toutes parts un essaim d'ambitieux effrontés, insatiables, qui encombrent incessamment l'avenue de toutes les carrières, qui tendent aux hommes de mérite des pièges que leur bonhomie ne saurait soupçonner, et se traînent, en rampant, vers le pouvoir qu'on leur jette comme le prix de leur bassesse et le salaire de leur servilité. Aujourd'hui que les lumières sont très répandues, et que tant de gens ont des prétentions à la supériorité, chacun arrive, une constitution à la main ou une théorie dans la tête, et au milieu de tant d'hommes qui se disputent l'honneur de nous gouverner, souvent un impudent charlatanisme fait échouer les meilleures intentions.

De tous les gouvernemens, la république était celui qui convenait le mieux aux peuples de l'antiquité. Les élémens de la république existaient chez eux. Cette forme de gouvernement était parfaitement en harmonie avec leurs mœurs. Mais assujetissez à la rudesse et à l'austérité républicaine cette foule innombrable d'intrigans dont l'or, répandu sur eux à grands flots, ne fait que rallumer la soif inextinguible, qui toujours censeurs sévères du pouvoir qui tombe, flattent toujours le pouvoir qui s'élève, ju'qu'à ce que celui-ci, victime à son tour de la force des événemens, les mette aux pieds d'une nouvelle idole dont ils mendient encore les faveurs. Essayez de fonder une république avec des hommes dont la conduite donne un perpétuel démenti à leurs discours, qui tout en protestant de leur patriotisme, écrasent le peuple sous le poids des impôts, dévorent sa plus pure substance, et grossissant sans cesse le chiffre effrayant du budget, satisfont leur vanité aux dépens de plusieurs millions de malheureux ; donnez à ces hommes la simplicité, la modération, toutes les vertus de Sparthe, d'Athènes et de Rome, et vous aurez des Licurgue, des Solon, des Cincinnatus. Mais laissez-leur notre civilisation raffinée, nos mœurs élégantes et polies, nos jouissances enivrantes, vous aurez des Lucullus, qui dans un seul festin consommeront des sommes immenses. Vous aurez des Césars qui, profitant des orages de la liberté, parviendront à l'étouffer, ainsi la république aboutirait au despotisme.

Je sais que depuis l'époque de notre première révolution, nous avons beaucoup gagné en moralité, et que nous n'avons pas à craindre les excès qui l'ont signalée, grâce à la liberté de la presse, à la publicité des discussions parlementaires, une masse considérable de lumières s'est répandue parmi le peuple, et les mœurs se sont singulièrement améliorées. Les rudes épreuves que nous avons traversées depuis quarante ans, ont laissé dans nos esprits des traces ineffaçables, et la république ne serait plus souillée par les excès que nous déplorons.

Tout cela est parfaitement juste. Mais le progrès des lumières a-t-il encore imprimé, une direction utile, un mouvement salutaire à ces ambitions impatientes, désordonnées, qui mugissent de toutes parts, a-t-il donné à ces intérêts divers qui le froissent sans cesse une issue favorable, en un mot a-t-il résolu cette question d'organisation sociale, la plus importante aujourd'hui, la question de savoir comment on emploira toute cette activité, toute cette intelligence qui sortant par tous les pores de la société, en ferait un épouvantable cahos, si chacune de ses parties s'isolaient sans cesse, se traçaient une sphère d'influence à part, au lieu de marcher de concert vers un but glorieux, magnifique, le perfectionnement progressif de l'humanité.

A-t-on résolu la question de savoir comment on satisfera les intérêts et les besoins des masses, par quels moyens on apaisera leurs justes réclamations. Voilà des questions palpitantes. C'est faute de les avoir résolues, que nous voyons régner partout l'inquiétude et le malaise. Ce n'est que dans leur solution que nous pouvons trouver le bonheur et la sécurité, et quand elles sont en suspens, nous irions mettre en présence des intérêts entièrement opposés, nous établirions une lutte sanglante.

Il est deux manières de résoudre les questions, la violence et la discussion, l'une est plus prompte, plus expéditive, mais elle coûte des flots de sang; mais souvent le parti vaincu profitant de l'enivrement du parti vainqueur, se relève tout à coup, et receuillant ses débris lui fait payer cher sa victoire. L'autre manière est plus lente. Elle attend son triomphe du temps qui ne manque jamais de faire triompher les vérités utiles, dédaignant les succès éphémères, elle s'adresse aux intelligences, et fonde son empire sur la conviction, sur la persuasion.

Charles VILLAGRE.

www.ingramcontent.com/pod-product-compliance
Lightning Source LLC
LaVergne TN
LVHW012131170726
843501LV00008BC/3126